AF440266

# DISCOURS

Prononcé le 15 Août 1858

## JOUR DE LA FÊTE NATIONALE ANNIVERSAIRE

### DE LA NAISSANCE DU

# GRAND NAPOLÉON I[ER]

## EMPEREUR DES FRANÇAIS

PAR L'ABBÉ

## JUGE-ANDRÉ GIUDICELLI

Curé de Prunelli-de-Fiumorbo, Membre correspondant de l'Institut historique
de France, Ancien professeur de Dogme et de Philosophie
à l'École Paoli, etc. etc.

*Principem dat Deus, qui ergà omne hominum genus vice
suâ fungatur.* (PLIN. in Paneg. Trajani.)

BASTIA,

IMPRIMERIE FABIANI.

1859.

# DISCOURS

PRONONCÉ LE 15 AOUT 1858, JOUR DE LA FÊTE
NATIONALE ANNIVERSAIRE

DE LA

## NAISSANCE DU GRAND NAPOLÉON I<sup>ER</sup>

EMPEREUR DES FRANÇAIS.

> » *Domine salvum fac Imperatorem; et exaudi*
> » *nos in die quâ invocaverimus te.* »
> « Seigneur, sauvez l'Empereur; et exaucez-
> » nous au jour où nous vous invoque-
> » rons. » *( Psalm.* XIX. 10.)

C'est là le texte sacramentel de la Liturgie, la prière affective que dans l'effusion de nos cœurs, dans l'épanchement de nos affections, nous adressons à Dieu tous les jours!.......

L'Église et la Nation, Messieurs et mes très-chers Frères, joignent à la célébration dé l'Assomption triomphale dé la Mère de Dieu au ciel, la fête anniversaire de la Naissance du Grand Napoléon. En effet, il y a quatre-vingt-neuf ans que l'homme extraordinaire, cet enfant de la Corse, ce fils du tonnerre, vint au monde; celui dont les exploits feront à tout jamais l'étonnement des générations de tous les siècles. Le nom de ce héros, plus glorieux que celui des Alexandre, des César, des conquérants les plus fameux, les plus redoutés, a franchi les pôles (1); et la terre tout entière se tut devant lui! (2) Oui, la terre tout émerveillée, fléchit le genou devant lui (3), et les rois des nations, selon l'expression d'Isaïe, se prosternaient en l'apercevant de loin et adoraient la trace de ses pieds!

Oui, Messieurs! Le dieu des armées l'avait suscité, prédestiné pour opérer des prodiges, et comme à Cyrus, lui avait dit : « Je marcherai devant toi, j'aplanirai les chemins tortueux, je romprai » les barres de fer, je briserai les portes d'airain. » Je te donnerai des trésors cachés, tu pénétreras » dans le secret des conseils, et tu sauras que je » suis le Seigneur, le Dieu qui t'ai appelé par ton » nom. Je suis l'Éternel, et il n'y en a point d'au- » tre; hors de moi il n'y a point de Dieu. Je t'ai » armé, et tu ne m'as pas connu, afin que l'Orient » et l'Occident apprennent que rien n'est sans » moi : je suis le Seigneur; et il n'y en a pas » d'autre. Je forme la lumière et je crée les ténè- » bres, je fais la paix et crée la guerre, je suis le » Seigneur, moi seul ai tout fait. » (4)

---

(1) Nominatus usque ad novissimum terræ. (I. Mach. iii. 9.)
(2) Et siluit terra in conspectu ejus. (Ibid. i. 3.)
(3) Et admirata est universa terra. (Apocal. xviii. 3.)
(4) Isaïe xlv. 2, 3, 5, 6, 7.

« C'est Jéhova, disait Daniel aux Chaldéens,
» qui change les temps et les siècles, qui trans-
» fère les royaumes et les établit, qui donne la
» sagesse aux sages et la science à ceux qui ont
» l'intelligence et la lumière.

» C'est lui qui relève les choses les plus pro-
» fondes et les plus cachées, qui connaît ce qui
» est dans les ténèbres : et la lumière est avec
» lui. » (5)

Et encore pouvons-nous, sans contredit, appliquer à Napoleon 1ᵉʳ ces paroles prophétiques que
Daniel lui-même adressait à ce fameux roi de Babylone ; « Tu es le roi des rois, lui disait-il, et
» le Dieu du ciel t'a donné en partage le royaume
» et la force et l'empire et la gloire. » (6)

La gloire qui paraît accompagner les grands
hommes pendant les phases de leur vie, les quitte
et les abandonne au tombeau. (7)

Mais la gloire du Grand Napoléon, préconisée
par la renommée aux cent bouches, descend avec
toute sa célébrité dans le séjour des morts, brise
le sceptre d'ébène de la mort, et s'affranchit des
horreurs et des humiliations inhérentes. Dès lors,
tel que le feu souterrain d'un volcan, s'ouvre un
cratère à travers les montagnes, pour s'élever
vers sa sphère, sa gloire à lui, identique, indivi-

---

(5) Daniel, ii. 21, 22.

(6) Tu es rex regum ; et Deus cœli regnum et fortitudinem
et gloriam dedit tibi. ('Daniel, ii. 37.)

(7) Periit memoria eorum cum sonitu! ( *Psal.* ix. 7. )

duelle, immortelle de sa nature, lui tient compagnie dans l'éternité! (8)

Ce sont ces doctrines sacrées, Messieurs, que je me propose de vous prêcher aujourd'hui, à savoir: Le respect que l'on doit à la Majesté Impériale; 1<sup>er</sup> point. — La monarchie-héréditaire, c'est la seule qui convient au peuple français; 2<sup>e</sup> point. — Le gouvernement démocratique ne saurait jamais se perpétuer en France; 3<sup>e</sup> point.

Ce sujet mérite toute votre attention. Implorons d'abord les lumières du Saint-Esprit, par l'intercession de Marie notre Patronne vénérée, disons *Ave Maria!*

## I<sup>er</sup> POINT.

Dieu, mes frères, est la souveraine essence, il n'est circonscrit en aucun lieu; il n'est sujet à aucun changement; sa durée est l'éternité : il remplit tous les lieux par l'immensité de sa grandeur. Immuable dans le sein de son être (9), il imprime le mouvement à tout ce qui est mobile (10);

---

(8) Et erit sepulchrum ejus gloriosum (Isaïe xi. 10.)

(9) . . . . . . Immotus in te permanens
Lucis diurnæ tempora
Successibus determinans.
*( Hym. Nonœ).*

(10) . . . . . Definiens statuta tempora, et terminos habitationis eorum. In ipso enim vivimus, movemur et sumus. ( Act. xvii. 26, 28.)

éternel, il assigne des limites à tous les temps. Il fixe la durée des empires, brise l'échelle des successions dynastiques , pesant à la balance de son sanctuaire les œuvres des rois de la terre ; et pourrait-on leur appliquer les paroles prophétiques que le saint vieillard Siméon , rempli de l'esprit de Dieu, fit entendre dans le temple de Jérusalem au sujet de l'Enfant Jésus : « Dieu les établit pour la perte comme pour le salut des nations, soit qu'il les donne dans ses miséricordes ou les suscite dans sa colère. (11)

La France, Messieurs et mes très-chers Frères, est la fille aînée de l'Église de Jésus-Christ; et Dieu protège la France! Elle est grande, puissante, redoutable; mais elle ne saurait conserver la renommée de grande nation que Napoléon Ier lui a leguée , que sous le sceptre d'or, le sceptre paternel de la dynastie Napoléonienne. Le peuple français, qui, tel que Tite-Live appelait les Romains, c'est le peuple-roi, fier de sa prééminence, adore en action de grâces le Très-Haut dans l'homme providentiel qui vient de régénérer, de sauver la France!

Oui, Messieurs , nous sommes reconnus dans l'univers, je suis fier et heureux de le dire, pour

---

(11) Ecce positus est hic in ruinam et in resurrectionem multorum in Israël. (Luc. ii. 34.)

Quidquid delirant reges, plectuntur Achivi.

Les peuples sont punis des folies de leurs princes.

(Horat. epist. 2. 1.)

ce peuple héroïque, glorieux, invincible, qui seul fait et défait les rois, enfante et couronne les empereurs, et parfois, sinistrement, improvise les républiques! (*a*)

La France l'a assez senti pendant ses comices sympathiques pour porter d'emblée sur le trône Napoléon III. Mais, si la joie des Romains fut grande, au rapport de Pline, pour l'élévation de Trajan à l'empire : notre joie, à nous, est exubérante à l'avènement d'un souverain, si digne de nos vœux et de nos prédilections! (12)

Élie monte au ciel enlevé par un tourbillon, sur un char de feu, et le double esprit du grand Prophète, vient se reposer sur son disciple, le fidèle Élisée. (13)

Or, la grande âme de Napoléon Ier, par une métempsycose du prodige, se transfuse soudainement dans l'âme de son auguste neveu, Napoléon III, qui, à l'heure qu'il est, c'est l'axe, le pivot sur lesquels tourne, roule, s'harmonise toute la politique des rois! Et encore est-il le baromètre magique, marquant à son gré la guerre et la paix! Lui, ange tutélaire de consolation et d'alliance, nouvel Iris après la tempête, ne fait que se montrer, et soudain les scènes tragiques qui

---

(*a*) Les rois chez les Gaulois avaient si peu d'empire, qu'Ambiorix, l'un d'eux, disait à César. « Le peuple a autant d'autorité sur moi, que j'en ai sur lui. »

(12) Pline, Paneg. de Trajan.

(13) Obsecro ut fiat in me duplex spiritus tuus. (IV. Reg. ii. 9.)
Et ascendit Elias per turbinem in cœlum. (Ibid. ii. 11.)

ensanglantent le sol de la patrie, changent de drame! L'Aigle de son Empire, au bec d'airain, aux serres de fer, au signe de sa main, quitte son aire, plane sur Paris, descend sur les bords de la Seine, saisit, étouffe, met en pièces l'Hydre, l'Amphisbène à deux têtes des révolutions! Et la France est sauvée, l'anarchie vaincue! Ainsi, a-t-il brisé les arcs, il a rompu les lances et livré les charriots aux flammes (14). Alors sous d'aussi beaux auspices, la miséricorde et la vérité, pour parler le langage des livres saints, se sont rencontrées sur le chemin du salut; la justice et la paix se sont données l'accolade d'alliance (15).

Maintenant, le navire de l'État, poussé longuement par les furieux autans des passions, sur des gouffres aboyeurs des Scylla et des Charybde, est conduit par des mains habiles. Un vent favorable remplit ses voiles, et pavoisé de ses couleurs triomphales, est venu jeter l'ancre de sûreté au port du salut, *fortiter occupat portum*! Un calme soudain a succédé à la tempête! Car, il n'est pas dans l'univers de plus grand acte de sagesse, dit Cicéron, que de donner à un État une constitution durable telle que celle que Napoléon III vient de sanctionner. (*De Repub.* lib. III. 3.)

---

(14) Arcum conteret et confringet arma, et scuta comburet igni. (Psal. XLV. 10.)

(15) Misericordia et veritas obviaverunt sibi : justitia et pax osculatæ sunt. (Psal. LXXXIV. 11.) Orietur in diebus ejus justitia et abundantia pacis, donec auferatur luna. (Ps. LXXI. 7.)

1*

La souveraine puissance des rois, Messieurs et mes très-chers Frères, est une émanation de celle de Dieu, qui les élève à cette éminente dignité pour présider au gouvernement des États, pour juger les peuples, pour les tenir dans l'ordre et le devoir. Conséquemment leurs prérogatives sont l'autorité suprême, le pouvoir législatif, la vindicte publique; et nous leur devons l'hommage, l'obéissance, la fidélité, le tribut.

La Religion nous enseigne qu'il n'y a point de puissance qui ne vienne de Dieu, et que c'est Dieu même qui a établi celles qui sont dans le monde. Aussi, ceux qui résistent aux puissances, résistent à l'ordre de Dieu (16). C'est par moi, dit Jéhovah, que règnent les rois (17) et il leur a mis dans les mains la balance et le glaive!

Le caractère impérial est saint et sacré, même dans les princes infidèles, et nous voyons dans les Livres Saints que Cyrus est appelé l'oint du Seigneur. C'est pourquoi, le peuple de Dieu priait pour la vie de Nabuchodonosor, roi de Babylone, d'Assuérus et de Balthasar. C'était sous Tibère, non-seulement infidèle, mais encore méchant, que Notre Seigneur disait aux Juifs : « Rendez à Cé-

---

(16) Omnis anima potestatibus sublimioribus subdita sit; non est enim potestas nisi a Deo; quæ autem sunt, a Deo ordinatæ sunt. Itaque qui resistit potestati, Dei ordinationi resistit. (Rom. xiii. 1, 2.)

(17) Per me reges regnant, et legum conditores justa decernunt. Per me principes imperant, et potentes decernunt justitiam. (Prover. viii. 15, 16.)

sar ce qui est à César. (18) » Il faut prier pour l'empereur, quoique l'empereur qui régnait du temps de cette ordonnance fût Néron, le plus impie et le plus méchant de tous les hommes (19). Saint Pierre comme saint Paul commandent aux fidèles d'être soumis aux puissances qui existaient, lorsque ces deux saints Apôtres faisaient respecter ainsi l'ordre de Dieu.

Il faut écouter, dit Bossuet (20), les premiers chrétiens, et Tertullien qui parle ainsi au nom d'eux : « Nous jurons, non par le génie des Cé- » sars, mais par leur vie et par leur salut, qui est » plus auguste que tous les génies. Ne savez-vous » pas que les génies sont des démons? Mais nous » qui regardons dans les Empereurs le choix et » le jugement de Dieu qui leur a donné le com- » mandement sur les peuples, nous respectons » en eux ce que Dieu y a mis, et nous tenons cela » à grand serment (21). » C'est pour cela que le savant prêtre de Carthage appelle l'Empereur dans un autre endroit, une seconde majesté, qui ne le cède qu'à la première (22). Témoin la Légion thébaine, composée de soldats chrétiens, qui

---

(18) Matth. xxii. 21.

(19) I. Timoth. ii. 1.

(20) *Politique tirée de l'Ecriture Sainte.*

(21) Tertul. *Apol.* n° 35.

(22) Religio secundæ majestatis. Colimus Imperatorem sic, quomodo et nobis licet, et ipsi expedit, ut hominem a Deo secundum, et quidquid est a Deo consecutum, et solo Deo minorem. (Ibid. n° 35.)

sous l'impie Maximien se laisse égorger plutôt
que de se révolter contre leur empereur.

« Quel mouvement se fait, dit saint Augustin,
» à un seul commandement de l'Empereur! Il ne
» fait que remuer les lèvres, il n'y a point de plus
» léger mouvement, et tout l'empire se remue.
» C'est, dit-il, l'image de Dieu, qui fait tout par
» sa parole. Il a dit, et les choses ont été faites :
» il a commandé, et elles ont été créées (23). »

Si nous lisons, Messieurs, les annales des nations, nous y trouvons que tous les peuples, même les plus sauvages, ont universellement rendu
de grands hommages au prince régnant. Et pourquoi cela? Parce qu'ils respectaient en lui le caractère de la Divinité, dont il était l'image vivante
et tenait la place ici-bas. C'est ainsi que parlaient
et que pensaient les païens même (24). Dieu est
le Roi des rois et le Seigneur des seigneurs (25).
Dès-lors, le trône de l'Empereur n'est pas le trône
d'un homme mortel; mais celui de Dieu même,
dont il est l'agent seul et le représentant. C'est
la doctrine des théologiens les plus orthodoxes et
des philosophes les plus sages de l'antiquité (26).

Nouveau Constantin, Louis-Napoléon III, le

---

(23) August. in Psal. cxlviii.

(24) Principem dat Deus, qui ergà omne hominum genus
vice sua fungatur. (Plin. in paneg. Trajan.)

(25) Apoc. xix. 16.

(26) ..... Le ciel entre les mains des rois
     Dépose sa justice et la force des lois.
              (P. Corneille, sc. 5.)

bien-aimé de ses peuples, protège la Religion et les ministres du culte. Partout où il se fait voir, sa piété et sa munificence s'étalent profusément ; ses libéralités pour la maison du Seigneur sont inépuisables. Il plante, il bâtit, il relève, il restaure, il inaugure sur tous les points de l'Empire des églises monumentales au Dieu de ses pères. Et encore, est-il des misères auxquelles il ne tende un bras secourable, d'infortunes qu'il ne soulage, qu'il n'adoucisse pas ? Tout prospère sous le sceptre d'un si grand Monarque ! les sciences, les arts, le commerce, la culture, la navigation, la morale publique, la Religion marchent progressivement ; et la France est l'arbitre suprême des destinées des autres nations ! Son nom seul est une invocation, une providence, une bénédiction ! Son auguste Compagne, cette nouvelle Esther, cette souveraine adorée, aux formes angéliques, rivalise de charité, de générosité avec son Époux. Elle, toute majestueuse, semblable à l'épouse de l'Écriture, « reste debout à la droite » de son Époux, revêtue de l'or d'Ophir ; mais, » toute sa gloire est le reflet de ses vertus, de sa » belle âme, de son cœur, *ab intus*, et non de ses » vêtements resplendissants d'or et de brode- » ries (27). » Comme la femme forte de Salomon, « Elle a ouvert sa main au pauvre, Elle a tendu » ses deux mains à l'indigent ; Elle a ouvert sa » bouche à la sagesse, et une loi de clémence est

----

(27) Psalm. XLIV. 9, 14.

» sur ses lèvres. » Une électricité instantanée, si je peux m'exprimer ainsi, fait jaillir de son esprit des étincelles embrasantes de pur amour, des flots d'une charité ravissante.

« Si plusieurs entre les reines ont brillé par leur vertu, Elle les a toutes surpassées : *supergressa est universas* » (28). Or, si Dieu l'a unie à un si magnanime Époux, c'est pour le bonheur de l'Empire ; et les vœux de la France sont accomplis !....

———————————————————————

(28) Proverb. xxxi. 20, 26, 29.

## II<sup>e</sup> POINT.

Le Gouvernement monarchique que nous appelons royauté, est de tous les gouvernements le plus ancien, le plus généralement répandu. Le premier de tous les Empires fut, dit Platon, l'empire paternel ; telle est aussi la pensée d'Hérodote, de Denys d'Halicarnasse (1). C'est Dieu qui a voulu l'établir dès l'origine des sociétés, comme le plus naturel, le plus fort, le plus durable, et encore est-il le plus propre à maintenir les peuples dans la paix et dans l'union, comme le moins exposé aux révolutions et aux vicissitudes qui agitent et parfois ruinent, renversent les empires. Les patriarches nous en sont garants dans les saintes Écritures. Que s'il y a eu des républiques, dit encore Platon, c'est par l'abus que les rois ont fait de leur autorité. C'est là ce qui a porté les plus sages écrivains de l'antiquité, les plus accrédités qui se sont occupés de politique, des philosophes, des théologiens même les plus orthodoxes, à prôner, à recommander, à préférer cette forme de gouvernement par-dessus toutes les autres (2). Nous le voyons dans l'histoire

---

(1) Plato de legibus, lib. 5; Dionys Halicar. lib. 5.

(2) Hom. Iliad.; Herodot. lib. 5.; Euripid. in Andromacha, v. 450.; Plato in politica.; Aristot. in politica, lib. 1. c. 4.; Xénophon.

sainte et nous le trouvons dans l'histoire profane. C'est aussi le seul qui ait lieu dans tout l'Orient, où le gouvernement républicain était absolument inconnu. Rome et Athènes ont commencé par là, et elles y sont revenues comme à leur état naturel et normal.

L'opinion ancienne de la Grèce était celle qu'exprime Homère dans l'*Iliade* par cette célèbre sentence : « Plusieurs princes n'est pas une bonne chose : qu'il n'y ait qu'un seul prince (3). » Telle est aussi l'opinion d'Aristote (4). Aussi, faut-il un chef dans toute hiérarchie dans la magistrature, comme dans la milice, dans la guerre comme dans la paix, à l'église comme au palais ; il faut toujours quelqu'un qui ait prééminence sur les autres. C'est une seule intelligence, dit encore Homère, qui règle et gouverne l'univers.

Oui, Messieurs et mes très-chers Frères, tout dans la nature nous ramène à l'unité. C'est la doctrine unanime des plus sages philosophes. Dieu seul préside à l'universalité des êtres. Les sphères célestes ont un seul moteur ; un soleil, une lune président au jour et à la nuit, pour séparer la lumière d'avec les ténèbres (5). Les royaumes

---

in Cyropæd.; Senec. de benef. lib. 2. c. 20; Hesiod. Maxim. Tyrien.; S. Hieron. S. Cyprian.; S. Thomas; Bossuetus, polit. et alii quamplurimi.

(3) Bossuet, *loc. citat.*

(4) Entia nolunt male gubernari. Non est bona multitudo principatuum; unus ergo princeps. (Metaph. lib. xii.)

(5) Genes. i, 18.

de la terre doivent être régis par autant de souverains établis sur le trône pour entretenir la belle harmonie qui règne dans la création. Mais pour remplir une si noble tâche, une si haute destinée, les princes doivent retracer en eux-mêmes les vertus de ce Dieu créateur dont ils tiennent la mission et sont des images vivantes, et gouverner les peuples avec la tendresse d'un père, les soins vigilants d'un pasteur et l'impartiale équité de la loi.

Cicéron, ce grand utopiste-philosophe, s'exprime ainsi, sur l'important sujet que nous traitons : « Tout peuple, toute cité, c'est-à-dire toute constitution du peuple, a besoin, pour être durable, d'être gouvernée par une seule autorité intelligente (6). » Ah ! la France l'a heureusement rencontrée dans Napoléon III, cette autorité ; elle l'a retrouvée dans ce génie trascendant, ce génie restaurateur ! Lui qui a étudié, qui sait définir les gouvernements révolutionnaires qui tour-à-tour se sont produits dans leurs passages sanguinaires, en ayant lui-même essuyé les atteintes ; il sait en prévoir l'approche menaçante et le retour ; et maintenant, l'œil attaché sur le gouvernail de l'État, règle-t-il avec bonheur le cours de la for-

---

(6) Omnis ergo populus, omnis civitas, quæ populi res est, consilio quodam regenda est ut diuturna sit. (*De repub.* lib. I, 26.) Et iterum : quoniam id est in rerum natura longe maximi consilii constituere eam rempublicam quæ possit esse diuturna. (Ibid. III. 5.)

tune publique, la tenant comme dans la main, et on peut dire que c'est là l'œuvre d'un homme privilégié dont la mission lui vient d'en haut ! Dieu a voulu, Messieurs, que les hommes supérieurs, tel que l'Empereur, en vertu et en génie, servissent de guide et de chefs au reste des hommes; car on ne saurait douter que ce ne soit de leurs conseils et de leur sagesse que dépend le salut des plus grands empires.

Les philosophes, ajoute encore Cicéron, et c'est la pensée d'Homère que nous venons de rapporter plus haut, par leurs recherches sur la nature des choses, ont reconnu que l'univers obéit à une intelligence.

Les Romains eux-mêmes, dans les guerres importantes, dans les besoins urgents de la république, ont voulu un seul chef sans collègue. Ils recouraient toujours à la dictature, comme au secours le plus efficace pour pourvoir au salut public dont le nom exprimait l'étendue du pouvoir. On l'appelait *Dictateur*, maître du peuple. Alors, les ordres de ce chef suprême, étaient aussi religieusement observés que des lois émanées de la divinité. (7) Il faut donc un seul chef dans un grand État tel que la France. « La puissance exécutrice, dit » l'illustre auteur de *l'Esprit des Lois*, doit être » entre les mains d'un seul monarque, parce que

---

(7) Trepidi Patres ad summum auxilium decurrunt, dictatorem dici placet. — Dictatoris edictum pro numine semper observatum. (Tite-Live, lib. 6 ; — Dionys Halicarnas. lib. 6.)

» cette partie du gouvernement qui a presque
» toujours besoin d'une action momentanée, est
» mieux administrée par un seul que par plu-
» sieurs, au lieu que ce qui dépend de la puis-
» sance législative, est souvent mieux administré
» par plusieurs que par un seul. » *(Esprit des
Lois*, liv. xi. chap. 6.)

La monarchie héréditaire est celle que la France a optée dès le commencement, et c'est par
elle que les États durent et se perpétuent avan-
tageusement. Le fils succède au père, par droit
de nature, et si l'empereur meurt, le mort saisit
le vivant; la nature en fait un et l'empereur ne
meurt jamais. Et encore, c'est le gouvernement
héréditaire, le plus opposé aux divisions, aux
factions, aux jalousies, aux révolutions, qui souvent causent la chûte des empires : Jésus-Christ
nous le fait sentir par cette vérité; « Tout royaume divisé en lui-même, sera désolé : toute ville
ou toute famille divisée en elle-même, ne subsis-
tera pas. » (8)

Or, c'est là, Messieurs, ce qui arrive dans une
monarchie élective. A la mort du roi électif, arri-
vent les interrègnes, les brigues, les rivalités, les
prétentions, les cabales, les concurrences, de fa-
çon que l'élection d'un successeur ne s'accomplit
jamais sans tumulte.

---

(8) Matth. xii. 25; — Plato. de legib. lib. 4. — Aristot. de
Repub. 3. c. 16.)

La malheureuse Pologne de nos jours, en est un triste exemple ! hélas ! elle ne serait pas devenue la proie et le partage de trois nations avides de domination et de conquêtes, si elle eût été héréditaire!....

Un roi électif n'est essentiellement occupé que de ses intérêts particuliers, sentant que sa royauté n'est que temporaire; tandis que dans une monarchie héréditaire, le souverain envisage son royaume comme son domaine, le patrimoine qu'il tient de ses pères et qui doit passer en héritage à ses enfants, et il regarde ses sujets comme sa propre famille, car il retrouve dans le bien public ses avantages, ainsi que ceux de sa postérité. Élevé par sa naissance sur ses sujets, il vit sans soupçons et ses sujets sans jalousie. Sa grandeur devient la source de sa bonté paternelle, qui rejaillit sur tous les cœurs et les remplit d'une ardeur vive et sincère pour le servir. C'est donc ce gouvernement chéri qui fait le plus grand besoin de nos cœurs, et qui, d'après le Docteur Angélique, étant l'image de la divine Providence, peut seul consolider, affermir les empires et les dynasties elles-mêmes. (9)

---

(9) Thom. I. 2. quest. 105, art. 1.

# III<sup>e</sup> POINT.

La démocratie, c'est le gouvernement du peuple; fille aînée de la démagogie, elle a essayé par trois fois, dans ses monstrueuses et meurtrières entreprises, de vouloir s'établir en France, et trois fois consécutives nous en avons éprouvé les tristes effets. Ses apparitions nous ont été fatales, en nous apportant des jours néfastes, des jours funéraires, de proscription et de mort! car, il n'est, d'après Aristote et Cicéron, de tyrannie aussi dangereuse que celle du peuple. (1) De là, il est arrivé souvent que les citoyens les plus sages, les plus vertueux, les mieux avisés des républiques d'Athènes et de Rome, sentaient plus de pente pour l'aristocratie que pour la démocratie elle-même.

En effet, Messieurs, quelle force peuvent avoir les lois lorsqu'elles dépendent d'une multitude effrenée, effrontée, ignorante qui ne les entend point? Quelle sagesse et quelle constance peut-on attendre d'un peuple qui se laisse amener, circonvenir et maîtriser par des discours séditieux et fanatiques de quelques orateurs toujours prêts à le

_______________

(1) Arist. Politic. lib. II. c. 5. — Cic. de republica.
Le pire des États, c'est l'état populaire.
( P. Corneille, *Cinna*. Act. II. sc. 1.)

décevoir, à l'entraîner dans leur propre intérêt?

Si les républiques de la Grèce, dit encore Cicéron, se sont perdues, c'est par la témérité des assemblées populaires, gouvernées souverainement par les décisions tumultueuses prises dans une seule séance...... (2) Or loin de comparer ce peuple outré, effervescent, à un navire retenu par plusieurs ancres, comme Euripide, ne ressemble-t-il plutôt à une mer orageuse, en butte sans cesse aux vents, aux ouragans précurseurs du naufrage! Non, la mer et ses tempêtes, la flamme et ses ravages, ne sont plus difficiles à maîtriser que les emportements d'une pareille multitude mutinée et sans frein! Éblouie par une lueur blafarde et fallacieuse de liberté, à laquelle on n'est pas accoutumé et qui s'évanouira bientôt, elle se croit en état de tout entreprendre.......... Vouloir ne vouloir pas, rien ne saurait être stable pour lors; tantôt on se repent du parti qu'on a pris, et tantôt du repentir même. (3)

Thésée, abdiquant la royauté, fut le premier qui introduisit en Grèce la démocratie. Il vivait encore quand les Athéniens revinrent à la forme

---

(2) Græcorum respublicæ, sedentis concionis temeritate administrantur. (Orat. pro Flacco.)

(3) Nullum profundum mare, nullum vastum fretum et procellosum tantos ciet fluctus, quantos multitudo motus habet, utique si novà et brevi duraturâ libertate luxuriat........ nec velle, nec nolle quidquam diù potest..... pœnitet modo consilii, modo pœnitentiæ ipsius. (Quint. Curs. lib. x. Cap. vii. — Demost. de falsis legib. — Cic. de Republ. lib. 1.)

monarchique. Mnesthée étant devenu roi, Solon vint, et dans sa législation il voulut sanctionner, restaurer le gouvernement populaire, entouré pourtant de sages réglements, de judicieuses et prévenantes restrictions, qui préservaient la multitude de l'entraînement prestigieux de la parole des orateurs « dont les discours, dit l'apôtre, » sont pleins de faste, d'orgueil et de vanité, et » qui se rendent admirateurs des personnes se- » lon leur intérêt. » (4) Or, cela fait sentir que l'égalité tant prônée de nos jours, par des démagogues à bonnet rouge, est la source des plus grands désordres. La sagesse et la justice ne sauraient jamais se rencontrer en de pareils suffrages. Une basse dépendance peut seule éteindre le zèle d'un citoyen des plus dévoués à leur patrie. Rien de plus propre à dépiter les plus honnêtes gens, à exciter, à maintenir des soupçons et la défiance, que de voir les plus vils, les plus méprisables habitants d'une ville, des hommes qui aient droit et pouvoir de nuire aux plus illustres, aux plus vertueux citoyens qu'on y vénère particulièrement.

De là on peut déduire, que les éloges les plus emphatiques que quelques auteurs, tels que Diogène-le-Cynique, Philon, Machiavel, Euripide et Périclès, ont voulu faire de la démocratie, sont autant de couleurs propres à en décéler la laideur

---

(4) Jud. 16.

et la difformité. Anacharsis nous fait une description assez juste de ce gouvernement, en disant, qu'à Athènes, les sages proposaient et les fous décidaient (5). Nous en avons un exemple frappant dans la république d'Athènes même, quand cette ville, livrée à l'anarchie, fut soumise à l'injuste domination, au despotisme des trente Tyrans; de Rome lorsque les Décemvirs y voulurent commander sans appel et pendant l'oligarchie triumvirale. Tite-Live nous montre que le peuple romain, à peine délivré de la servitude des rois, se vit-il violemment battu de la tempête tribunitienne (6). Hélas! nous ne l'avons que trop ressenti nous-mêmes, aux différentes époques où nos gouvernements démocratiques, tour-à-tour se sont succédé; tous nous ont laissé des empreintes de sang sur leur passage! puisqu'il n'y a plus de société politique d'après Cicéron, dans un État maîtrisé par une faction (7). Mais voilà, Messieurs et mes très-chers Frères, comment s'exprime, touchant le sujet qui nous occupe, un grand penseur, un publiciste fort estimé, un philosophe du siècle passé, le citoyen de Genève : « En effet, dit-il, à prendre le mot à la rigueur » de l'acception, il n'a jamais existé de véritable » démocratie, et il n'en existera jamais. Il est con-

---

(5) Anachars. apud Plutarc. in Solone.

(6) Plebs soluta regio metu, agitari cœpta tribunitiis procellis (Tit. Liv., lib. ii.)

(7) *De Repub.*, lib. iii. 3.

» tre l'ordre naturel que le grand nombre gouver-
» ne, et que le petit soit gouverné. » Et c'est un
fils de la démocratie qui nous tient ce langage ! (8)
Il est évident pour tout le monde, finit par dire
Platon, qu'il n'est point d'État plus malheureux,
que celui qui obéit à un tyran, ni de plus heureux que celui qui est gouverné par un roi (9).

Une république, mes Frères, quelque dénomi-
nation puisse-t-elle avoir, c'est toujours la source
d'une guerre civile (10). De là les luttes acharnées
et déchirantes de Marius, de Sylla : de là les
camps de Pharsale, de Philippe, d'Antium, arro-
sés, fertilisés du sang des légions romaines ; de là
les rivalités à outrance, la fin tragique de Pompée,
de César, de Brutus, de Cassius et d'Antoine même !...

Le gouvernement républicain est discrédité,
répudié avec dédain par les plus sages auteurs
de l'antiquité, à cause de l'injustice et l'ingratitude
qui y sont inhérentes. Les plus grands hommes
qui se sont signalés par leur valeur et leur dé-
vouement à leur patrie, en sont devenus la malheureuse victime. Les Coriolan, les Camille, les
Scipion, en sont un exemple patent dans la république romaine. Les Athéniens en ont agi de
même envers les plus illustres de leurs conci-

---

(8) *Contrat social*, livre III, chap. 4.
(9) *De Republ.*, lib. IX.
(10)     La guerre civile est le règne du crime.
(Corneille, act. I. sc. 1.)

toyens. Miltiade meurt en prison, Thémistocle dans l'exil, Périclès se voit condamné à une humiliante amende, Aristide au bannissement, Socrate boit la ciguë, Phocion expire avec d'autres par le même supplice.

Les Carthaginois faisaient mourir sur la croix ceux de leurs plus vaillants généraux. Xantippe, grand capitaine lacédémonien, envoyé à leur secours, défit plusieurs fois les Romains malgré la valeur de Régulus. Ils le renvoyèrent avec des témoignages d'une grande reconnaissance, et par une ingratitude aussi grande que ses services, ils le firent précipiter dans la mer par le commandant du vaisseau sur lequel il s'était embarqué (11).

Dans une république, un citoyen, dit Aristote, se rend coupable dès qu'il devient trop puissant (12). Octave, après la défaite d'Antoine à Antium, devient le maître du monde. Il reçoit le titre fastueux d'Empereur, les titres d'Auguste, de Père de la patrie; et à son avénement, le temple de Janus est fermé, ouvert depuis deux cent cinq ans. La république disparaît de Rome. Alors, plus de luttes sanglantes, plus de factions tumultueuses, plus d'acharnement de partis, plus de prétendants à la suprême magistrature, plus de guerres civiles. L'univers ne reconnaît plus qu'un seul

---

(11) Du triomphe à la chûte il n'est souvent qu'un pas.
(*Mort de César*, act. 1. sc. 1.)
(12) *De Repub.*, lib. xiv, cap. 12; et lib. v, cap. 9.

chef! Telle est l'instabilité, la destinée des choses d'ici-bas!... (13).


Bénissons le Seigneur, Messieurs et mes très-chers Frères, qui dans l'excès de ses miséricordes et les desseins impénétrables de sa providence, a voulu régénérer, sauver la France par l'heureux retour de la dynastie des Napoléons, après laquelle nous soupirions pendant de longues années, et que notre cri de ralliement, de Religion, de Patrie, soit désormais Monarchie héréditaire, Empire français, Napoléon! C'est là le noble objet des aspirations sympathiques qui nous animent, les paroles sacramentelles de notre croyance. C'est l'ordre de Dieu! Car « Si Dieu, dit le Prophète, » ne prête sa main à l'établissement d'une dynas- » tie, les efforts de ceux qui y travaillent, sont » frappés de stérilité » (14). Et encore : « Les rois » ne se sauveront pas (c'est la doctrine des livres » saints) par la multitude de leurs armées ; les » forts ne sauraient non plus se sauver par la » grandeur de leur puissance, si Dieu ne vient les » couvrir de son égide » (15).

---

(13)    L'art et le pouvoir d'affermir des couronnes,
    Sont des dons que le ciel fait à peu de personnes.
              (P. CORNEILLE, *Cinna*, act. 1, sc. 2.)
(14) Psal. CXXVI. 1.
(15) Psal. XXXII. 16.

O Louis-Napoléon, l'objet de notre amour et de nos plus ardents désirs! Le Dieu de votre auguste et immortel Oncle vous a choisi pour la gloire, le salut de la France, pour la paix du monde! Soyez heureux, vertueux monarque (16), et faites le bonheur de vos peuples dont vous êtes l'orgueil et l'espoir..... Agréez nos hommages et ne dédaignez pas nos vœux! Si Dieu se trouvait honoré dans les hécatombes de Salomon, il se complait aussi de la faible fumée de nos encens! (17).

Nous vous vouons, Sire, à tout jamais, devant ce tabernacle de propitiation et de gloire, notre cœur, notre esprit, nos souhaits, nos vies, nos affections, nos souvenirs! Le peuple français, n'est plus qu'un écho pour répéter votre nom chéri. Vous en êtes le désiré et l'élu! Dieu a placé entre vos mains le sceptre de justice et d'équité! Régnez donc par votre vérité et la justice; et votre droite se signalera par des prodiges (18).

Ah! si les potentats des autres États, se font entourer de gardes nuit et jour, pour Votre Majesté, la garde la plus sûre, la plus fidèle, c'est

---

(16) Sis felix, et sint candida fata tua!
    (Tibul. lib. iii, eleg. vi, v. 50.)
(17) Te celebrant alii quanto decet ore tuasque
  Ingenio laudes uberiore canunt;
  Sed tamen ut fuso taurorum sanguine centum,
  Sic capitur minimo thuris honore Deus.
    (Ovid., *Trist.*, lib. ii, egl. 18.)
(18) Psal. xliv. 4.

votre vertu (19), c'est l'amour toujours croissant
de la Nation ; et les Princes, disait le panégyriste
de Trajan, ne sont jamais si bien défendus, que
lorsqu'ils n'ont pas besoin de défense ! C'est pourquoi les pierres de la fronde des anarchistes,
contempteurs de la puissance, blasphémateurs
de la majesté, sont pour vous comme l'herbe des
champs ! (20).

Dieu d'amour, consolidez, affermissez le trône
de son héritage ! Soyez l'esprit de son esprit, la
vie de sa vie, le guide de ses pas dans les voies
épineuses qu'il a à parcourir. Communiquez-lui
cette sagesse, ces lumières, cette force, nécessai-
res pour l'accomplissement des grands projets
qu'il médite pour le bonheur de son peuple. Pro-
tégez, fortifiez, perpétuez maintenant, Grand Dieu !
nous vous en conjurons par les mérites ineffables
de Jésus-Christ votre divin Fils, l'œuvre de votre droite. La France, c'est la nation privilégiée
que vous venez de vous choisir : regardez-là toujours avec complaisance et prédilection. Conti-
nuez, ô Dieu de bonté, à répandre sur elle, sur
l'Empereur, le fils aîné de votre Église, sur l'Im-
pératrice, et le Prince impérial, objet de tant

---

(19)      Mortels, tout doit périr et tout a son trépas,
Seule dans l'univers la vertu ne meurt pas.
*(Pensées de* Jacques Delille, *épître sur les voyages.)*
(20) In stipulam versi sunt ei lapides fundæ. (Job, xli. 19.)
Habentes igitur talem spem, multa fiduciâ utimur. (II Co-
rinth., iii. 12.)

d'espérances et d'amour, auquel se rattachent les destinées de l'Empire, l'abondance de vos grâces et de vos bénédictions. C'est la prière intense et affective, l'oraison émouvante, jaculatoire que nous vous adressons tous les jours dans toute l'effusion de nos âmes : *Domine salvum fac Imperatorem, etc.* Car nous savons, qu'en priant pour la conservation de vos précieux jours, Grand Prince et très-auguste Princesse, nous prions pour nous-mêmes, pour la Religion, pour la patrie, pour la société tout entière! Ah! oui : c'est là l'unique but de nos vœux et toute notre pensée, dans cette religieuse solennité, avec l'assurance qu'ils seront accomplis!

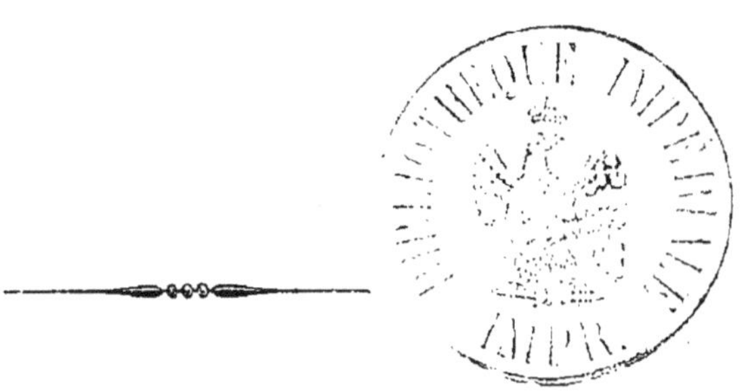